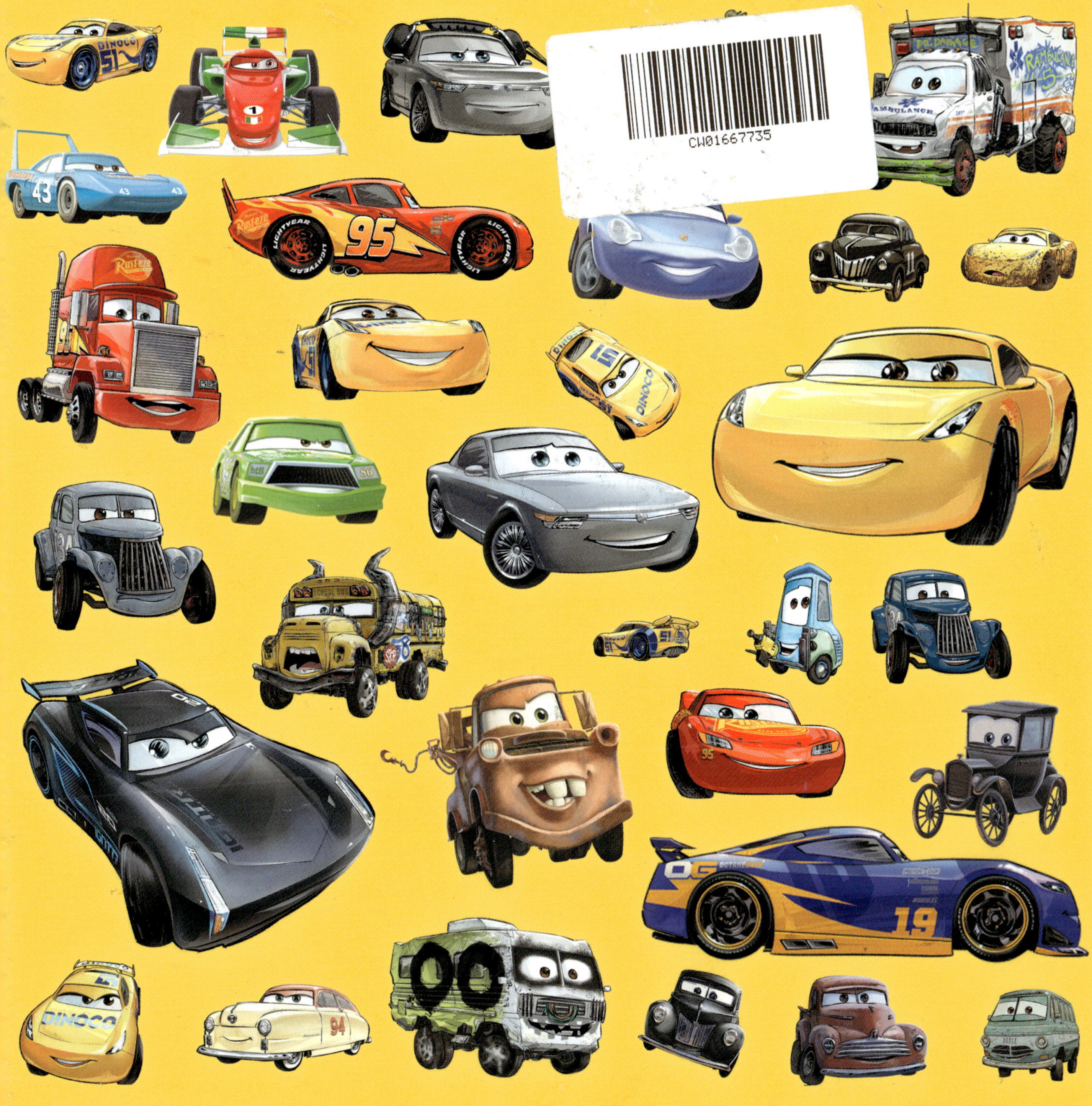
DINOCO
51
43
95
LIGHTYEAR
Rust-eze
DR. DAMAGE
AMBULANCE
19
94

Directeur : Timothée Le Mière
Responsable éditoriale : Adélaïde Lebuy
Responsable artistique : Thierry Duperray
Édition : Antonine Appriou
Fabrication : Anne-Laure Soyez
Graphiste : Glen Le Boulicaut
Adaptation des textes : Catherine Kalengula
Mise en page : Émilie Laudrin
Relecture : Catherine Rigal

Édité par Hachette Livre – 58, rue Jean Bleuzen – 92178 Vanves Cedex
Imprimé par Pollina en France – Achevé d'imprimer : juin 2022 - 42138
ISBN : 978-2-01-786792-0 – Édition : 01 – Dépôt légal : juin 2022

Loi n°49-956 du 16 juillet 1949 sur les publications destinées à la jeunesse.

Pour tout renseignement concernant nos parutions, nous contacter
par e-mail : disney@hachette-livre.fr

Pour l'éditeur, le principe est d'utiliser des papiers composés de fibres naturelles, renouvelables, recyclables et fabriquées à partir de bois issus de forêts qui adoptent un système d'aménagement durable. En outre, l'éditeur attend de ses fournisseurs de papier qu'ils s'inscrivent dans une démarche de certification environnementale reconnue.

Disney · PIXAR

Cars

La passion de la course

hachette
JEUNESSE

95
DINOCO
DINOCO
DINOCO
DINOCO

Aujourd'hui, Cruz Ramirez s'entraîne en compagnie de Flash McQueen. Après avoir été coach pour les bolides de nouvelle génération, elle est devenue **voiture de course.** Et Flash est son chef d'équipe ! Ils travaillent dur, car une grande compétition se prépare.

Rust-eze
95
DINOCO
DINOCO
51

Mais Cruz a beau faire de son mieux, elle continue de commettre **des erreurs.** Le problème, selon Flash, c'est qu'elle n'a pas assez confiance en elle !

— Pourquoi est-ce que tu es si nerveuse ? l'interroge-t-il.

— Je veux être parfaite, explique son amie. Je dois prouver à tout le monde que ma dernière victoire n'était pas qu'un coup de chance.

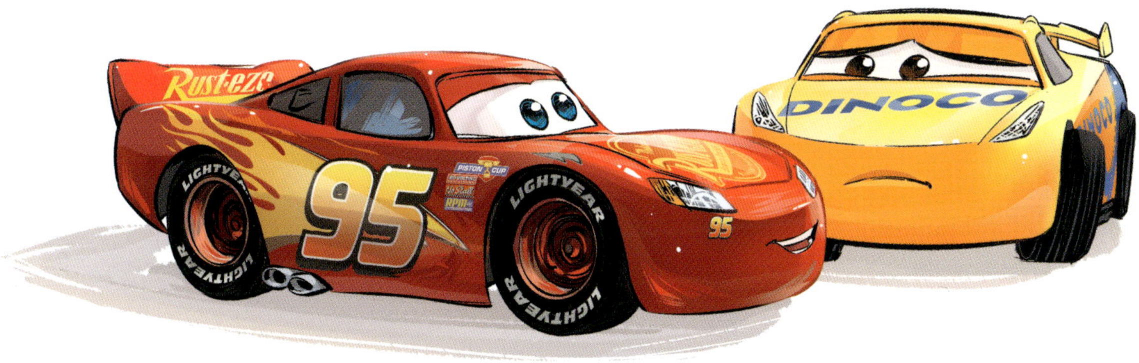

V8 Cafe
L COOLANT GREASE
Rust-eze
95

Plus tard, Flash rejoint Sally et Martin.
Il a vraiment besoin de leurs conseils :

— Cruz se met beaucoup de pression, leur confie-t-il.

— Toi, c'était plutôt le contraire, lui rappelle Martin.
Tu étais trop sûr de toi ! Heureusement,
Doc t'a remis dans le droit chemin.

Voilà qui donne **une idée** à son ami !

Le lendemain, au canyon,
Flash et Sally découvrent Cruz
qui ***roule à toute vitesse.***
Malgré son entraînement,
elle répète les mêmes erreurs…

Dès qu'elle s'arrête, Flash l'appelle :

— Viens, Sally et moi avons quelque chose à te montrer.

Ils l'emmènent alors au musée consacré à Hudson Hornet. L'endroit est rempli de posters, de photos et d'articles sur ***ce champion légendaire.***

— Il a gagné trois Piston Cups ! explique Sally.

Cruz contemple les trophées avec admiration.

— Mais pour lui, le succès n'était pas important, raconte Flash.

— Doc m'a aidé à comprendre que ***la passion de la course*** et l'esprit d'équipe comptent bien plus que tout le reste, continue-t-il.

— Je me suis tellement concentrée sur la victoire que j'ai failli oublier combien j'aimais rouler, comprend Cruz avec un sourire.

Sally propose alors à ses amis d'aller faire un tour…

HORNET
Third Piston Cup Win!
HUDSON HORNET
UN CHAMPION LÉGENDAIRE
FUTURE LOOKS BRIGHT
Winning Streak Continues
Previous Speed Record Broken!
PISTON CUP
51
FABULOUS HUDSON HORNET
DINOCO
DINOCO
51

DINOCO
DINOCO
51

Elle les conduit sur une magnifique route qui serpente entre les montagnes. Cruz se détend peu à peu. Elle finit par prendre les virages avec confiance et habileté. ***Quel progrès !***

— Tu te débrouilles comme une championne, la félicite Sally.

Rust-eze
Medicated
Rust-eze
BUMPER OINTMENT
REAR END FORMULA
95
DINOCO
DINOCO
51
DINOCO

— Hé, Cruz, tu te rappelles quand on faisait la course dans les bois ? lui demande soudain Flash.

— Bien sûr ! lui répond son amie. On fonçait dans l'obscurité, phares éteints !

— Comment as-tu réussi à faire ça ? s'étonne Sally.

— Je crois que je me suis fiée **à mon instinct,** avoue Cruz.

C'est exactement ce que Flash voulait entendre !

Le lendemain matin, Cruz retrouve Martin et Flash à Radiator Springs.

— Tu fais **partie de la famille,** maintenant, lui assure Flash.

— Ça, c'est sûr, confirme Martin. Shérif et moi, on a même fermé un tronçon de l'ancienne autoroute pour que tu puisses travailler en toute liberté.

Cruz est tellement touchée !

DINOCO
51
Radiator Springs

Mais, contrairement aux jours précédents, elle ne file pas s'entraîner. Non : elle prend le temps de boire un litre d'huile avec ses amis. Puis elle rejoint Guido.

Rien de tel que des pneus neufs pour se sentir au top !

Plus tard, sur l'autoroute, Cruz retrouve toute la bande et sourit :

— Allez, chef McQueen, ***faisons la course !***

51
SHERIFF
DINOCO
51
DINOCO
51
DINOCO
Rust-eze
95
95
Rust-eze
LIGHTYEAR
95

Ils foncent sur la route, pare-chocs contre pare-chocs.
Avant de s'engager dans un virage, Flash encourage son amie :

— Il faut croire en toi, et...

— ... laisser mes nouveaux pneus faire le reste ! termine Cruz.

Sans hésiter, elle franchit le tournant **à vitesse grand V.**

— Bravo ! lui crie Flash.

Derrière eux, la petite bande est **folle de joie.**

— Tu as tout ce qu'il faut pour réussir, s'exclame Flash.

— C'est vrai, approuve Cruz. J'ai les capacités, un coach qui croit en moi, et... des amis qui m'aident à ne jamais oublier combien j'aime la course !

Retrouve toutes les aventures de Flash McQueen dans la même collection !

La parade des pompiers

Une course solidaire

Le jukebox de Martin

La passion de la course

Le monstre de la forêt

Duel contre Storm

Collectionne les livres pour révéler ta frise et faire apparaître l'illustration de Flash dans ta bibliothèque !

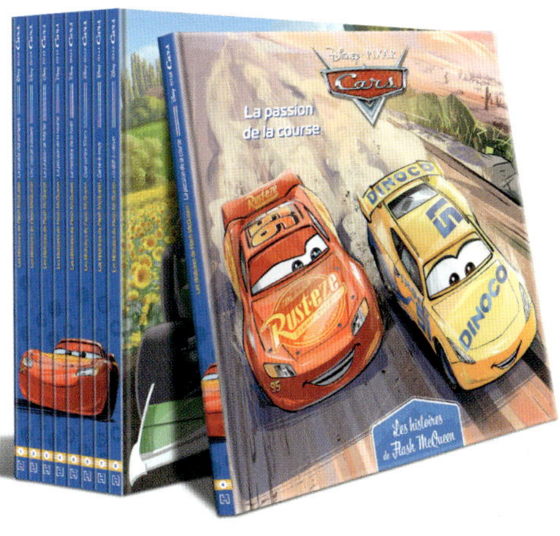

51 FABULOUS HUDSON HORNET
11
DINOCO 51
COMBUSTA
htB
86
43
1
20
Vitoline
24
DR. DAMAGE
AMBULANCE